DE

LA MONARCHIE

SELON ELLE-MÊME

ET

SELON DIEU ET LE BON SENS.

IMPRIMERIE MOREAU,
rue Montmartre, n. 39.

DE
LA MONARCHIE
SELON ELLE-MÊME
ET
SELON DIEU ET LE BON SENS.

Essai

DÉDIÉ AUX PUISSANCES PATERNELLES,

SEULES AMIES DE L'HUMANITÉ, SEULES CONFORMES A LA RAISON.

PAR JÉRÔME-JOSEPH DE MOMIGNY.

A PARIS,
CHEZ LES PRINCIPAUX LIBRAIRES.
1826.

Les exemplaires sont signés par l'auteur.

DE

LA MONARCHIE
SELON ELLE-MÊME,
ET
SELON DIEU ET LE BON SENS.

CHAPITRE PREMIER.

DES INSTITUTIONS SOCIALES.

Des institutions! des institutions! s'écrient de toute part les esprits faux, les saltimbanques révolutionnaires et les innombrables dupes qu'ils entraînent dans les divers tourbillons politiques, ennemis de l'ordre social et de l'autorité légitime.

Des institutions, messieurs; mais, pour en avoir, le monde aurait-il attendu le régicide de 1793, et toutes les extravagances, les horreurs et les crimes révolutionnaires qui l'ont préparé ou suivi?

Des institutions! qu'est-ce donc, selon vous, que la famille, la monarchie et la religion qui lient si harmonieusement les hommes entre eux et la terre au ciel ; ne sont-elles pas les véritables et augustes institutions de la nature, du bon sens et de Dieu?

Cela vous paraît trop suranné pour la moderne sagesse des vieux bonnets rouges, et pour cette jeunesse merveilleuse qui vient d'apprendre de ces apôtres de l'indépendance et du matérialisme, la haine et le mépris de Dieu, des rois et des pères. Au bruit que font ces maîtres et leurs élèves, ne semblerait-il pas qu'ils auraient trouvé, sous l'arbre de la liberté ou sous la guillotine du régicide et de la spoliation, des principes sociaux plus naturels que ceux de la paternité et de la royauté, et une fraternité plus charitable et plus sainte que celle de l'Évangile?

Mais qu'ont découvert ces grands docteurs politiques? rien que ce que savaient, longtemps avant eux, les chefs de bandes et les libéraux des grands chemins, savoir, que pour attaquer avec succès la société en tout ou en partie, il faut que les désordonnés s'unissent contre l'ordre, l'union faisant la force du mal comme celle du bien.

Le désordre, de plus en plus constitué en France, que devait-il s'en suivre progressivement? La criminalité de l'ordre et sa mise hors la loi.

Aussi, avons-nous vu, au nom de la fraternité et de la liberté des jacobins, les amis de l'ordre social, envoyés, par troupes et comme des agneaux, à la mort, et leurs propriétés déclarées la proie *nationale* de cette nation, qui battait monnaie sur la place de la Révolution, à coups de guillotine. Alors les défenseurs de la famille, de la monarchie et de la religion étaient les brigands, et les brigands étaient les hommes fidèles à l'ordre du désordre. Le Vendéen mourant pour sa foi et son roi, était un scélérat; et tout cela montrait la conséquence du crime, dans ses idées, ses moyens et son but. Mais l'ordre qu'on cherche à rétablir complètement, est-il aussi direct dans sa marche? S'il l'était, verrions-nous le désordre républicain se croire en droit de disputer encore, chaque jour, la France à l'ordre et à la monarchie légitime? S'il faut que nous continuions à appartenir à la fois à l'ordre et au désordre, ne conviendrait-il pas alors d'arranger ainsi les choses? Dans nos églises, au lieu d'un maître-autel, il en faudrait deux : à droite, celui de Dieu et de l'ordre légitime, devant lequel la monarchie et ses enfans, humblement agenouillés, prieraient avec ferveur pour le rétablissement complet de la paix intérieure, obtenue par l'unité du pouvoir et la conversion du désordre; à gauche, celui de satan, chef des rébellions et du désordre, devant lequel les révolutionnaires, la tête couverte du bonnet de la liberté ou d'un chapeau à la Bolivar, conspireraient légalement contre Dieu, les rois et les pères.

Deux chaires : celle des vérités saintes et sociales, et celles des mensonges impies et insociaux.

Dans l'État, deux trônes : celui de la monarchie légitime et de la dynastie des Bourbons, et celui de la révolution et de l'usurpation, réunies contre cette dynastie et l'ordre social.

Dans la famille, deux chaises patriarcales : celle du père, attaché à sa foi et à son roi, et celle du plus dénaturé de ses enfans, chef de la révolte domestique et libérale, et bientôt parricide.

Au Palais, deux codes : celui de l'équité,

de la stabilité et de la propriété patrimoniale et dûment acquise, et celui de l'iniquité, de l'instabilité et de la propriété nationale, obtenue par des assassinats juridiques.

A l'aspect monstrueux de ces deux sociétés opposées, sans doute que la raison et la sagesse, justement alarmées, se demandent comment on parviendra à en faire de l'*unité* et de l'*ordre*. C'est là le grand problème; et le meilleur moyen de préparer les esprits à sa résolution, est de rapprendre à chacun ce que tous paraissent avoir oublié, savoir : *ce que c'est que vivre en société*.

CHAPITRE II.

DE LA VIE EN SOCIÉTÉ.

VIVRE en société, pour les individus, c'est appartenir à une famille et y remplir les devoirs de père ou de fils, de mère ou de fille.

La famille est une petite monarchie dont le chef a le titre de père, et où l'ordre social repose, d'une part, sur l'autorité et la tendresse paternelle, et, de l'autre, sur la soumission et la piété filiale. Le père est donc un monarque, et ses enfans un peuple, s'ils sont réunis sous l'autorité paternelle, et ne forment avec elle qu'un tout monarchique, individualisé par la volonté et la signature souveraine de son chef. Sans cet ensemble et cette individualisation naturelle et légale, il n'est point de famille ni de monarchie, comme il n'est point d'individu, si tout ce qui le compose n'est soumis à la tête chargée de le diriger et de le conserver par sa sagesse, sa force morale et sa prévoyance.

Où la Providence a-t-elle placé le type de la famille et de la monarchie? dans chaque individu dont l'esprit n'est point aliéné. Le titre de *chef*, qui signifie *tête*, donné à tous ceux qui sont chargés de diriger un nombre d'hommes quelconque, comme si chacun de ceux-ci était l'un des membres de son propre corps, prouve évidemment que le bon sens des nations a reconnu que toute société avait besoin d'une tête pour sa conduite; mais d'une et non de deux, ou d'un plus grand nombre, afin que le temps d'agir ne se passât point en délibérations, discussions ou disputes dangereuses. Une tête met de l'ensemble dans les membres d'un même corps en les appelant au secours les uns des autres; tandis que plusieurs les mettent en opposition et en guerre avec eux-mêmes, et d'un individu font plusieurs individus, ou d'une société plusieurs sociétés rivales et ennemies qui se combattent et se déchirent sans cesse.

L'unité monarchique de la famille réside donc essentiellement toute entière dans l'autorité paternelle de son chef, dont rien ne doit entraver l'exercice ou altérer le respect et la juste considération qui lui sont dus et dont elle a besoin d'être entourée pour rendre le bien plus facile et plus profitable.

Vivre en société pour les familles, c'est appartenir à une monarchie plus considérable et plus puissante, qui prend, selon le degré de son importance sociale, le titre de seigneurie, de baronnie, de comté, de marquisat, de duché, de royaume ou d'empire.

La société ne changeant point de principes en s'agrandissant, l'ordre repose également, dans chacune de ces diverses monarchies, comme dans la famille elle-même, sur l'autorité paternelle une et indivisible de son chef, et sur la soumission de ses membres et leur piété filiale.

Vivre en société pour les monarchies indépendantes les unes des autres, c'est appartenir, par la religion, à la monarchie céleste et universelle dont Dieu est le monarque, comme auteur de tout ce qui existe, comme père des pères, roi des rois et autorité des autorités.

Sans la religion, complément et perfection de l'ordre social, notre esprit erre sans boussole et sans étoiles, sur une mer d'incertitudes, où tout peut être cru hors la vérité, tout nié hors le mensonge; et le genre humain alors est comme un enfant abandonné dans un désert obscur et sans limites, appelant, en vain, la clarté et son père.

La hiérarchie sociale se compose donc évidemment de trois degrés monarchiques, lesquels sont la famille, le royaume et la monarchie céleste, individualisée par la paternité, la royauté et la Divinité, ou par chaque père et chaque roi et par Dieu. Hors de là tout est nécessairement faux et bâtard, sans principe et sans bases, comme sans terme ou but final.

Demander la famille, la monarchie et la religion, ce n'est pas précisément rappeler l'ancien régime, c'est en redemander tout le bien et en repousser le mal.

CHAPITRE III.

DE LA MONARCHIE SELON ELLE-MÊME.

La véritable monarchie est celle qui, conforme à sa nature et à son titre, donne un père pour chef à l'État, qu'elle assimile ainsi à la famille, pour lui en assurer l'ordre, la paix et la prospérité. Par là, elle lui épargne tout ce que la violation de l'unité, dans le pouvoir souverain, occasionne d'embarras, de fluctuations, de retards, de scandales et de dangers.

Quand l'individu, la famille et l'univers sont monarchiques, comment peut-on imaginer que la monarchie doive cesser de l'être? l'individu n'est-il pas livré à la paternité de sa tête; la famille à celle de son chef, l'univers à celle de son créateur et monarque, et le royaume ne serait pas confié à celle de son fondateur et de son roi?

Les révolutionnaires veulent que les Français soient dans la charte et non dans la monarchie; et ils ont de fort bonnes raisons, pour eux, de le vouloir, parce qu'ils prétendent changer en droits légitimes les faits violens et criminels de la révolution.

Mais pour que les Français ne se crussent plus dans la monarchie, il faudrait leur démontrer qu'on a pu légitimement en sortir; et pour se croire dans la charte, prouver qu'on a pu légitimement y entrer. C'est là ce qui nous paraît également impossible à établir.

On ne peut nier que la France n'ait été républicanisée et infernalisée sous les assassins de son roi; pentarchisée sous le directoire, triumvirée sous le consulat, et ne soit devenue un État despotique et militaire sous l'empire de Buonaparte; mais tous ces faits révolutionnaires ont-ils pu empêcher Louis XVIII de dater légitimement la charte de la dix-neuvième année de son règne? Or, que prouve cette date lumineuse et importante? que ce monarque n'a pas entendu, et avec raison, succéder à Robespierre, au directoire, au triumvirat, ni à Buonaparte, mais à l'infortuné Louis XVII, son neveu.

Ce n'est donc qu'après plus de dix-huit années de règne monarchique et légitime que Louis XVIII aurait consenti à descendre du trône auguste et glorieux de ses pères, pour s'asseoir, par la charte, entre la monarchie paternelle et la république régicide, mêlée à l'usurpation.

Voici, à peu près, l'historique de ce grand changement :

La république, débarrassée de Buonaparte qu'elle haïssait, et l'empire révolutionnaire, privé de son chef, se rapprochèrent comme ennemis communs de la légitimité et tyrans de la France, et allèrent ensemble à la rencontre du Roi, pour traiter avec lui ou lui barrer le passage. A l'approche de Louis XVIII, la république et l'empire lui crièrent *qui vive?* le Monarque répondit FRANCE! Alte-là! lui dit-on. Le Roi eut la bonté de s'arrêter. Voici, dirent la république et l'empire, une capitulation ou une constitution que S. M. doit accepter avant d'entrer à Paris, la France le demandant par notre organe. Le Roi dit : je n'accepterai point de constitution, mais je vous octroierai une charte qui en tiendra lieu. Entendez-vous pour sa rédaction avec mon conseil qui me la soumettra, et je la signerai. C'est ainsi que les conditions mitigées de l'empire et de la république sont devenues la charte.

Maintenant, dans tout ceci, il s'agit de distinguer soigneusement le fait du droit. Il est sans doute des positions politiques, extraordinaires et fâcheuses qui excusent naturellement toutes les irrégularités auxquelles elles donnent lieu. Mais il serait hors de toute raison d'arguer de ces monstrueuses déviations pour se prétendre fondé à détruire les principes éternels d'ordre et de justice.

A qui appartenait légitimement l'autorité? c'était incontestablement au monarque légitime. Mais la France appartenait-elle au moins, de cœur et de vœux, à la république et à l'usurpation? Cette question avait déjà été résolue par l'ivresse générale de joie et de bonheur que la capitale éprouva à la première rentrée de Charles-Philippe, comte d'Artois, seul jour tout monarchique dont la France ait joui depuis ses troubles, toujours prolongés par ses ennemis, dont elle a le malheur de suivre trop souvent les funestes suggestions. C'est à ce jour mémorable et à jamais cher à tous les cœurs purs et loyalement français, que Charles X rattachera, tôt ou tard, son règne pacificateur.

Qu'avait à faire Louis XVIII, arrivant de

l'étranger ? ce qu'un père tendre pour les bons et miséricordieux pour les méchans, fait en rentrant dans sa famille, embrasser ses enfans.

Mais une grande difficulté se présentait sans doute, celle de savoir ce que l'on ferait de la république se réorganisant, et de l'empire non encore désorganisé, malgré l'éloignement de son chef. C'est cet ordre du désordre, que la force monarchique pouvait anéantir, que la politique conseillait de tourner, qui se prétendant la France, et n'en ayant jamais été que le tyran et le bourreau, dicta, exigea et obtint la charte, toute à son usage et à sa convenance, et toute en opposition avec la félicité et les inclinations de la France, naturellement monarchique et Bourbonnienne.

On ne doit donc pas s'étonner que dans cette charte il s'agisse moins de préserver la monarchie des atteintes de la révolution, que de garantir les droits prétendus acquis de celle-ci contre l'autorité monarchique et paternelle. Quelques exemples pris dans la charte suffiront pour établir l'évidence de cette proposition.

L'article 13, ce nombre sinistre, ce point de

Judas et de la trahison, cette date du crime *isolé*, de l'assassinat du DUC DE BERRI, cet article, qui à lui seul et ses corollaires est presque toute la charte, va expliquer la pensée de la république et celle qu'elle doit faire naître dans tous les bons esprits.

« Article 13. La personne du Roi est inviolable et sacrée. *Ses ministres sont responsables.* Au Roi appartient la puissance exécutive. »

La personne du Roi est inviolable et sacrée. Pourquoi cette singulière déclaration? Elle était naturelle pour rassurer Louis XVIII, traitant avec la république, par laquelle son auguste frère, Louis XVI, avait déjà été envoyé à l'échafaud. Mais à quelle condition est mis ce généreux abandon de la personne du Roi, de la part de la souveraineté du bonnet rouge? A condition que les ministres lui seront responsables de leurs faits, comme pouvant seul garantir la nullité du Roi et de ceux-ci, et fonder la toute-puissance de la révolution; car, il est certain que des ministres responsables ne peuvent être fidèles au Roi et à la monarchie, sans devenir criminels de lèse-souveraineté des Chambres, et sans être, comme tels, envoyés à la mort ou chassés, d'après l'article que voici :

« Article 55. La Chambre des députés a le » droit d'accuser les ministres et de les tra- » duire devant la Chambre des pairs, qui » seule a celui de les juger. »

L'inviolabilité de la personne sacrée du Roi n'est pas, dans la charte, une suite du saint respect que la haute et auguste paternité monarchique inspire; mais une conséquence de la complète nullité à laquelle la république entend que le Roi soit réduit, en lui donnant des ministres *responsables*, qui ne puissent agir que dans les intérêts révolutionnaires. *Qui ne fait rien ne peut pécher :* telle est la maxime sur laquelle repose, républicainement, l'inviolabilité du Roi qui n'est plus, dans cette position, le père de la patrie et de la famille, mais le sceau de l'État, dont la main de la république dispose. Serait-ce pour les rendre témoins de cette insolente et audacieuse mystification que Henri IV et Louis XIV auraient été rappelés parmi nous ? Ne voit-on pas qu'impatiens du bronze qui paralyse leur courage, ils voudraient à la tête des leurs, venger, à l'instant, la monarchie trahie avec tant de noirceur et si lâchement abandonnée? Arrêtez...

Puisque, malgré les clameurs de la perfidie et de l'imprévoyante légèreté, et les menaces de la révolution et des enfers, Charles X a eu la royale fermeté de garder son ministère, il règne évidemment, et ce monarque adoré ne peut régner sans que tout le bien désirable ne s'accomplisse. *Domine, salvum fac regem!*

CHAPITRE IV.

A-T-ON PU LÉGITIMEMENT SORTIR DE LA MONARCHIE?

Si cette question pouvait être résolue par l'affirmative, toute la révolution serait sanctionnée, et le fait mis à la place du droit. *L'ordre du désordre*, qui est celui de l'astuce, de la violence et de l'assassinat serait le seul reconnu constitutionnellement et légalement, et *l'ordre de l'ordre, illégitimé*, ne serait plus qu'un fait impertinent et une vieillerie dont le ridicule égalerait celui de la vertu et de la justice, et qui emporterait avec lui le mépris que les régicides ont imprimé aux voltigeurs de Louis XIV, et à tous ceux qui sont restés fidèles à Dieu et au Roi et que le couteau national n'a pu malheureusement atteindre, *pour la sûreté du désordre*.

Comme un père ne peut entraîner, de droit, ses enfans hors de la famille et de l'ordre, ou un pape entraîner les fidèles hors de l'église et de la catholicité, un roi de France ne peut non plus entraîner les Français, ses enfans, hors de la monarchie, qui est sa *grande famille* politique, selon l'expression de Louis XVIII lui-même, dans le préambule de la charte.

La légitimité n'avait ramené Louis XVIII dans ses États que pour y exercer plus amplement que d'Hartwel la mission sacrée et indénaturable de la paternité monarchique. La rencontre fatale de la république et de l'empire de fait, n'ont donc pu, de droit, changer en quoi que ce soit cette mission auguste, même en supposant, ce qui est impossible, le même vouloir dans le monarque que dans les deux mortels ennemis de la monarchie légitime; par la raison qu'un missionnaire doit remplir sa mission et non faire le contraire de tout ce qu'elle lui impose. La mission de la paternité monarchique a été bien reconnue de Louis XVIII comme un droit et un devoir indispensable, puisque la charte débute ainsi : « LOUIS par » la grâce de DIEU, Roi de France et de Na- » varre ».

S'il y a eu quelques doutes de sa part, ce ne peut donc être sur le point principal, celui de l'exercice de la paternité, comme droit légitime et comme devoir; car un roi ne règne par la grâce de Dieu qu'autant que la légitimité lui a remis la couronne en qualité de fondateur, par ses aïeux, de la monarchie, et qu'autant qu'il est, après le souverain auteur de tout ordre, la source de l'ordre pur et monarchique qui doit maintenir le royaume dans la voie de l'éternelle justice.

D'après ces principes, qui sont ceux de la légitimité et de la paternité monarchique, la charte peut-elle raisonnablement et consciencieusement être considérée comme ayant quelque validité ?

Le corps législatif de la république et le sénat de l'empire pouvaient-ils succéder légitimement à Louis XVII, et s'asseoir sur le trône de France avec Louis XVIII? Si cela répugne à la raison, pourquoi l'article suivant?

« Art. 15. La puissance législative s'exerce » collectivement par le Roi, la Chambre des » pairs et la Chambre des députés des départemens. »

Quel nom donner à un semblable gouvernement? Ce n'est pas une monarchie, puisque dans la monarchie la puissance législative, inséparable du pouvoir de faire exécuter la loi, appartient incontestablement à un seul, et au père de la famille, à l'exclusion de tous ses enfans. Cet article viole donc évidemment la monarchie, et par-là, s'annule lui-même.

On prétend que ce gouvernement se doit nommer *monarchie représentative* ou *constitutionnelle*. Qu'est-ce qu'il y a à représenter dans la monarchie? serait-ce la *souveraineté du peuple?* Oui, sans doute! s'écrieront à la fois tous les bonnets rouges. Mais ces bonnets rouges, qui ne sont pas les barrettes des cardinaux, ne savent pas ce que c'est qu'un peuple ou une famille.

Tous les bandits d'un faubourg ou d'une ville, telle que Paris ou Marseille, qui ont été la nation souveraine du sans-culotisme, s'adjoignant même tous ceux d'un royaume ou de plusieurs États différens, ne seraient pas plus un peuple qu'une troupe de voleurs n'est une famille. Il y a plus; tous les honnêtes gens réunis de la France ne sont pas non plus un peuple; car un peuple a pour première nécessité une tête, un chef qui l'individualise et lui donne une existence collective et *légitime*. Nous ajoutons l'épithète de *légitime*, parce qu'une bande de brigands, quelque nombreuse et disciplinée qu'elle soit, ne peut être avouée *librement* par l'ordre et les principes sociaux, sans déroger à cet ordre et à ces principes, ce qui ne peut se faire sans crime. Maintenant, qui représente un peuple? Le monarque légitime, lui seul et nul autre, parce que sa volonté et sa signature sont celles de cette individualisation collective et légale. Les députés des départemens ne peuvent donc, sans illusion et sans prétentions erronées, se croire représentans du peuple, et les deux Chambres, même organisées légitimement et d'une manière compatible avec la monarchie, ne sauraient former légalement que deux conseils soumis au monarque, établis dans le dessein d'éclairer les questions qui pourraient leur être proposées et non comme juges souverains de toutes celles qui peuvent occuper la paternité monarchique.

La monarchie ne peut donc être raisonnablement ni légalement *représentative*. Peut-elle être *constitutionnelle?* C'est ce qu'il nous faut examiner.

Un peuple étant toujours mineur, comme perpétuellement soumis à son chef, n'est représenté dans aucun de ses intérêts communs que par son propre père, et ne peut pas plus que la famille comporter une constitution, la direction paternelle tenant lieu de tout dans la monarchie comme dans la famille proprement dite. Pour contracter, il faut être au moins deux et d'intérêts séparés, or, un monarque et son peuple, comme un père et ses enfans ne faisant qu'un, il n'y a rien à stipuler entre eux, tout étant fondamentalement réglé dans la famille et la monarchie, par cela seul que l'un y est le père et tous les autres ses enfans. Une constitution ou charte constitutionnelle y est donc un contre-sens manifeste, puisqu'elle suppose une autorité juge de l'autorité suprême, et partie contre cette autorité, seule légitime et compatible avec l'ordre et la paix des royaumes.

Que la république et l'empire, tenant encore, en partie, sous leur domination tyrannique et usurpatrice, cette pauvre France, si digne d'un meilleur sort, aient, en menaçant la patrie de nouveaux désastres, obtenu momentanément que la monarchie s'alliât à elles ou se les associât, cela doit se pardonner à la paternité monarchique, avare du sang de ses enfans, et voulant à tout prix les préserver d'une crise dont on ne pouvait calculer les dangers. Mais, maintenant que la sagesse permet de faire cesser ce monstrueux provisoire, il serait sacrilége de le prolonger et de ne pas rentrer dans l'ordre légitime en rentrant franchement dans la monarchie, qui n'est pas l'ancien régime avec la féodalité et tous ses autres inconvéniens, mais la paternité monarchique débarrassée de toutes les entraves qui l'empêchaient de se manifester à tous ses enfans avec la même autorité et la même tendresse.

CHAPITRE V.

DE LA CHARTE CONSTITUTIONNELLE.

PEUT-ON se livrer à l'analyse de la charte? Pourquoi non! n'est-ce pas spécialement à venir au secours de la royauté et de la monarchie, sur lesquelles le bonheur de la France repose, que sont provoquées à luire les lumières petites ou grandes, par la liberté de la presse? Quand on laisse abuser de cette liberté, les ennemis de la monarchie, de la religion et de l'ordre social, en peut-on retirer l'usage à ceux qui ne désirent et n'appellent qu'ordre et union sous l'empire de la légitimité? Après avoir dit ce qu'est la monarchie selon elle-même et selon Dieu, le bon sens et la nature des choses, il faut bien examiner ce qui a été mis à la place de cette monarchie que la légitimité devait rétablir, et considérer les motifs *avoués* qui ont donné naissance à la charte, cette pomme de discorde, perfidement lancée au milieu des Français, pour les diviser à jamais, et perpétuer la révolution. Voici textuellement ces motifs.

« La divine Providence, en nous rappelant
» dans nos États, après une longue absence,
» nous a imposé de grandes obligations. La
» paix était le premier besoin de nos sujets,
» nous nous en sommes occupés sans relâ-
» che, et cette paix si nécessaire à la France
» comme au reste de l'Europe, est signée.
» Une charte constitutionnelle était sollicitée
» par l'état actuel du royaume, nous l'avons
» promise et nous la publions. Nous avons
» considéré que, bien que l'*autorité toute en-*
» *tière résidât en France, dans la personne*
» *du Roi*, nos prédécesseurs n'avaient point
» hésité à en modifier l'exercice suivant la dif-
» férence des temps ; que c'est ainsi que les
» communes ont dû leur affranchissement à
» Louis-le-Gros, la confirmation et l'extension
» de ces droits à Philippe-le-Bel, que l'ordre
» judiciaire a été établi et développé par les
» lois de Louis XI, de Henri II et de Char-
» les IX, enfin, que Louis XIV a réglé pres-
» que toutes les parties de l'administration pu-
» blique par différentes ordonnances dont rien
» encore n'avait surpassé la sagesse. »

Laissons un moment ce texte pour les réflexions qu'il nous fournit.

Les obligations imposées par la Providence à Louis XVIII, étaient uniquement celles de la paternité monarchique. La France, sous la double tyrannie de la république et de l'empire, attendait de son Roi légitime sa délivrance complète, par le rétablissement pur et simple de la monarchie selon elle-même. Cette délivrance avait été solennellement promise aux Français par la proclamation que voici :

« Nous, Charles-Philippe de France, fils de
» France, Monsieur, comte d'Artois, lieute-
» nant-général du royaume, etc., etc., à tous
» les Français ; SALUT :

» FRANÇAIS! le jour de votre délivrance ap-
» proche. Le frère de votre Roi est arrivé
» parmi vous. C'est au milieu de la France
» qu'il veut relever l'antique bannière des lis
» et vous annoncer le retour du bonheur et de
» la paix, sous un règne protecteur des lois et
» de la liberté publique.

» Plus de tyran, plus de guerre, plus de
» conscription, plus de droits réunis. Qu'à la
» voix de votre souverain, de votre père, vos
» malheurs soient effacés par l'espérance, vos

» erreurs par l'oubli, vos discussions par l'u-
» nion dont il veut être le gage.

» Les promesses qu'il vous renouvelle so-
» lennellement aujourd'hui, il brûle de les ac-
» complir et de signaler, par son amour et ses
» bienfaits, le moment fortuné, qui, en lui
» ramenant ses sujets, va le rendre à ses en-
» fans. *Signé*, Charles-Philippe. »

Qui a empêché Louis XVIII de nous donner son règne, tracé dans cette proclamation? les tyrans et les ennemis de la France.

Assimiler la charte révolutionnaire à ce qui s'est fait sous Louis-le-Gros, Philippe-le-Bel, Louis XI, Henri II, Charles IX et Louis XIV, pour l'organisation de la monarchie, c'est confondre la destruction subite avec l'édification lente et séculaire du même monument. Un roi de France ne peut pas plus toucher à la monarchie qu'un chef de famille à la paternité qui lui trace ses devoirs indispensables.

Revenons au texte des considérans de la charte.

« Nous avons dû à l'exemple de nos prédé-
» cesseurs, apprécier les effets des progrès
» toujours croissans des lumières, les rapports
» nouveaux que ces progrès ont introduits

» dans la société, la diréction imprimée aux
» esprits depuis un demi-siècle, et les graves
» altérations qui en sont résultées : nous avons
» reconnu que le vœu de nos sujets, pour une
» charte constitutionnelle, était l'expression
» d'un besoin réel; mais en cédant à ce vœu,
» nous avons pris toutes les précautions pour
» que cette charte fût digne de nous et du peu-
» ple auquel nous sommes fiers de commander.
» Des hommes sages, pris dans les premiers
» corps de l'État, se sont réunis à des commis-
» saires de notre conseil pour travailler à cet
» important ouvrage.

» En même temps que nous reconnaissions
» qu'une constitution libre et monarchique
» devait remplir l'attente de l'Europe éclairée,
» nous avons dû nous souvenir aussi que *notre*
» *premier devoir envers nos peuples était de*
» *conserver, pour leur propre intérêt, les droits*
» *et les prérogatives de notre couronne*. Nous
» avons espéré qu'instruits par l'expérience,
» ils seraient convaincus que l'autorité su-
» prême peut seule donner aux institutions
» qu'elle établit, la force, la permanence et
» la majesté dont elle est elle-même revêtue :
» qu'ainsi, lorsque la sagesse des rois s'ac-

» corde librement avec le vœu des peuples, » une charte constitutionnelle peut être de » longue durée; mais que, *quand la violence* » *arrache des concessions à la faiblesse du* » *gouvernement, la liberté publique n'est pas* » *moins en danger que le trône même.* »

Les lumières qui ont fait le plus de progrès dans ce siècle de désordres et de bouleversemens politiques, sont celles de l'esprit des ténèbres, les brandons de la discorde et les torches des furies infernales, s'agitant à la voix de l'orgueil, de l'ambition, de la cupidité et de l'impiété par les mains de la scélératesse et de l'ignorance. Ces lumières immondes qui ont brûlé les châteaux et mis le feu aux quatre coins du globe; qui menacent tout l'ordre social, et que les libéraux élèvent jusqu'aux nues, pour les faire prendre pour des astres nouveaux, ne sont pas de notre époque, ni de celle de l'encyclopédie, de Mesmer ou de Cagliostro, elles remontent à la guerre des Titans et à la rébellion des anges qui ont soufflé sur le philosophisme leur esprit de révolte et leur sacrilége orgueil.

Les rois sont faits pour les peuples et non les peuples pour les rois, disent les révolutionnaires. Oui, comme la tête est faite pour le corps. Mais de ce que les peuples supportent le poids des impôts et les frais du gouvernement, comme les pieds supportent le poids de la tête et du corps, s'ensuit-il de là que ce soit aux pieds à gouverner la tête, à marcher dessus ou à la faire abattre? Tous les Français sont monarchiquement les membres du corps social dont Charles X est la tête auguste; mais aucun de ces membres peut-il prétendre à la pensée et à la volonté monarchique et législative dont cette tête, si chère, est seule mise en possession par la légitimité et la Providence? Vous qui voulèz faire des lois avec Charles X et peut-être à Charles X lui-même, descendez-vous comme lui du fondateur du royaume, et votre tour de régner est-il venu? Non; puisque nous avons le bonheur d'apercevoir le Roi et le Dauphin. Mais la charte me donne cette faculté. Donc la charte viole la monarchie que le Roi lui-même doit respecter, comme n'ayant pas le droit de dénaturer son autorité sacrée qui n'est qu'un dépôt à vie dont l'usage lui est confié, et qu'il doit transmettre intégralement à son successeur, nulle puissance et nul serment n'y pouvant porter légalement la moindre atteinte.

Un particulier n'ayant pas le droit de se suicider et de se mutiler, comme appartenant à Dieu, à l'État et à sa famille, le Roi n'a pas le droit de se suicider monarchiquement dans son pouvoir, qui est la tête morale de son royaume; il doit régner, paternellement et sans partage reconnu, jusqu'à sa mort naturelle. Sans cette barrière nécessaire, la violence organisée pourrait d'année en année dénaturer le pouvoir monarchique, invariable par son essence, ainsi que de droit, malgré tous les faits criminels qui pourraient lui être opposés comme règles, pour autoriser des tentions qui s'évanouissent toutes devant le principe et la nécessité de l'unité qui seule assure la stabilité et le repos d'un État. Cette unité n'est donc point une simple prérogative de la couronne, mais l'essence monarchique elle-même, sans laquelle il n'est point de véritable royaume, ni de véritable liberté pour un peuple qui hors de là est toujours orphelin et tyrannisé par ses gouvernans sans entrailles qui exercent sur lui un despotisme avide et de fer, et sont comme une hydre à mille têtes qui en sucent le sang et en détruisent le repos. Quelle nation serait aussi heureuse que la France, si l'action révolutionnaire ne l'agitait sans cesse et n'en corrompait l'esprit et le bonheur ?

L'Europe, guidée par le flambeau de la sagesse et de l'humanité, attendait de Louis XVIII la monarchie légitime et paternelle ; il n'y a que l'Europe anti-monarchique éclairée au gaz incendiaire et méphitique du désordre, qui pût en exiger une charte sanctionnant la spoliation et récompensant la révolte.

« Nous avons enfin cherché les principes de » la charte constitutionnelle dans le caractère » français et dans les monumens vénérables » des siècles passés. Ainsi nous avons vu, dans » le renouvellement de la pairie, une institu- » tion vraiment nationale et qui doit lier tous » les souvenirs à toutes les espérances, en réu- » nissant les temps anciens et les temps mo- » dernes. »

Le vrai caractère français est d'être tout filial envers la paternité monarchique, et ne doit pas être confondu avec celui du Français régicide ou constitutionnel, l'un ne voulant pas de roi, et l'autre n'en souffrant qu'un vain simulacre pour apposer le sceau de la légitimité et de la vertu à tout ce qui est bâtard et criminel.

La pairie constitutionnelle est *nationale* comme la garde nationale, comme les biens nationaux et les cris de vive la république, la nation et la charte; mais est-ce du national de cette espèce que l'on attendait de la légitimité? Non, sans doute; c'était du monarchique et du paternel, de l'ordre et non de la confusion. C'est pour prêter main-forte à la rébellion régicide qui a détrôné Louis XVI, que la garde, dite nationale s'est formée. Elle est venue au secours de l'Assemblée nationale pour détruire la monarchie et s'opposer à l'armée royale, seule vraiment nationale et légitime, comme défendant l'ordre et la paternité, sans lesquels un État devient un coupe-gorge, où les amis de l'ordre doivent périr l'un après l'autre, avant ou après leur Roi. Si la garde nationale est devenue, comme tout porte à le croire, l'une des forces les plus dévouées à la légitimité, rentrée dans l'ordre, c'est alors une garde monarchique hors de la ligue militante, et non plus la garde nationale de l'insurrection.

Quant à la pairie, si elle défend la légitimité

et la monarchie contre les prétentions révolutionnaires, et n'a d'autres désirs que le triomphe de la monarchie de droit sur la république et l'empire de fait; alors réunie à la monarchie selon elle-même, et selon Dieu et le *bon sens*, qui est le *sens* de la droiture et de la vérité, elle est pairie royale et non plus nationale; car dans la monarchie, comme dans la famille, étant chez le père et non chez les enfans, on ne peut s'y dire corps appartenant aux enfans contre le père, mais au père, pour lui-même et pour tous ses enfans animés de la piété filiale, qui seule les rend dignes des soins et de la protection paternelle, puisqu'on n'est de la famille qu'à ce prix.

« Nous avons remplacé, par la Chambre des » députés, ces anciennes assemblées de Mars » et de Mai, et ces Chambres du tiers-état, » qui ont si souvent donné tout à la fois des » preuves de zèle pour les intérêts du peuple, » de fidélité et de respect pour l'autorité des » rois. En cherchant ainsi à renouer la chaîne » des temps, que de funestes écarts avaient » interrompue, nous avons effacé de notre » souvenir, comme nous voudrions qu'on pût » les effacer de l'histoire, tous les maux qui

» ont affligé la patrie durant notre absence.
» Heureux de nous retrouver au sein de la
» grande famille, nous n'avons su répondre à
» l'amour dont nous recevons tant de témoi-
» gnage, qu'en prononçant des paroles de paix
» et de consolation. Le vœu le plus cher à
» notre cœur c'est que tous les Français vivent
» en frères, et que jamais aucun souvenir
» amer ne trouble la sécurité qui doit suivre
» l'acte solennel que nous leur accordons au-
» jourd'hui. »

Quelle union espérer de deux Frances opposées l'une à l'autre?

Après ces considérans dictés, une partie par les amis du trône légitime, et l'autre par ses ennemis, nous allons placer les considérans réels de la constitution de 1814. Les voici :

Nous, les meneurs de la république et de l'empire, souverains de la révolution, régicides de fait ou de consentement, considérant que la chute de Buonaparte nécessite que nous songions encore plus exclusivement à nous que jamais, pour échapper à la vindicte publique et perpétuer notre règne sous le roi qui va nous être imposé par la force des baïonnettes ennemies, et sous tous ses successeurs, qui ne régneront que sous nous et sous notre bon plaisir, avons arrêté et arrêtons ce qui suit :

Une constitution basée sur notre souveraineté et puisée dans celle de 1791 et 1793, sera rédigée et portée à l'acceptation de Louis XVIII, avant que nous ne permettions que les portes de Paris lui soient ouvertes.

Quoique cette constitution ait éprouvé plusieurs changemens, dont le plus notable est sa transformation en charte octroyée par le Roi, elle n'en met pas moins, telle qu'elle est demeurée sous ce titre, le trône et les Français dans les filets tricolores des ennemis de la légitimité et de la monarchie paternelle. La responsabilité des ministres, éludée jusqu'ici, a pu seule empêcher la France d'être entièrement placée sous le joug tyrannique et révolutionnaire de ces ennemis des rois et des peuples. Ils ont cessé d'être sans-culottes puisqu'ils ont des rangs et des titres ; mais en ont-ils moins renversé l'ordre social, statué et arrêté l'esclavage du genre humain, tout en lui parlant d'égalité et de liberté ?

Ceux qui comprendront les articles de la charte n'auront pas besoin de commentaire pour se convaincre de la vérité de ce que nous avançons. Voici ces articles :

Droit public des Français.

Art. 1er. Les Français sont égaux devant la loi, quels que soient d'ailleurs leurs titres et leurs rangs.

2. Ils contribuent indistinctement, dans la proportion de leur fortune, aux charges de l'État.

3. Ils sont tous également admissibles aux emplois civils et militaires.

4. Leur liberté individuelle est également garantie, personne ne pouvant être poursuivi ni arrêté que dans les cas prévus par la loi, et dans la forme qu'elle prescrit.

5. Chacun professe sa religion avec une égale liberté, et obtient pour son culte la même protection.

6. Cependant, la religion catholique, apostolique et romaine, est la religion de l'État.

7. Les ministres de la religion catholique, apostolique et romaine, et ceux des autres cultes chrétiens, reçoivent seuls des traitemens du trésor royal.

8. Les Français ont le droit de publier et de faire imprimer leurs opinions, en se conformant aux lois qui doivent réprimer les abus de cette liberté.

9. Toutes les propriétés sont inviolables, sans aucune exception de celles qu'on appelle *nationales*, la loi ne mettant aucune différence entre elles.

10. L'État peut exiger le sacrifice d'une propriété, pour cause d'intérêt public légalement constaté, mais avec une indemnité préalable.

11. Toutes recherches des opinions et votes émis jusqu'à la restauration, sont interdites. Le même oubli est commandé aux tribunaux et aux citoyens.

12. La conscription est abolie. Le mode de recrutement de l'armée de terre et de mer est déterminé par une loi.

Formes du gouvernement du Roi.

13. La personne du Roi est inviolable et sacrée. Ses ministres sont responsables. Au Roi seul appartient la puissance exécutive.

14. Le Roi est le chef suprême de l'État, commande les forces de terre et de mer, déclare la guerre, fait les traités de paix, d'alliance et de commerce, nomme à tous les emplois d'administration publique, et fait les réglemens et ordonnances nécessaires pour l'exécution des lois et la sûreté de l'État.

15. La puissance législative s'exerce collectivement par le Roi, la Chambre des pairs, et la Chambre des députés des départemens.

16. Le Roi propose la loi.

17. La proposition de la loi est portée, au gré du Roi, à la Chambre des pairs ou à celle des députés, excepté la loi de l'impôt, qui doit être adressée d'abord à la Chambre des députés.

18. Toute loi doit être discutée et votée librement par la majorité de chacune des deux Chambres.

19. Les Chambres ont la faculté de supplier le Roi de proposer une loi sur quelque objet que ce soit, et d'in-

diquer ce qui leur paraît convenable que la loi contienne.

20. Cette demande pourra être faite par chacune des deux Chambres, mais après avoir été discutée en comité secret : elle ne sera envoyée à l'autre Chambre par celle qui l'aura proposée, qu'après un délai de dix jours.

21. Si la proposition est adoptée par l'autre Chambre, elle sera mise sous les yeux du Roi ; si elle est rejetée, elle ne pourra être représentée dans la même session.

22. Le Roi seul sanctionne et promulgue les lois.

23. La liste civile est fixée, pour la durée du règne, par la première législature assemblée depuis l'avènement du Roi.

De la Chambre des pairs.

24. La Chambre des pairs est une portion essentielle de la puissance législative.

25. Elle est convoquée par le Roi en même temps que la Chambre des députés des départemens. La session de l'une commence et finit en même temps que celle de l'autre.

26. Toute assemblée de la Chambre des pairs qui serait tenue hors du temps de la session de la Chambre des députés, ou qui ne serait pas ordonnée par le Roi, est illicite et nulle de plein droit.

27. La nomination des pairs de France appartient au Roi. Leur nombre est illimité : il peut en varier les dignités, les nommer à vie, ou les rendre héréditaires, selon sa volonté.

28. Les pairs ont entrée dans la Chambre à vingt-cinq ans, et voix délibérative à trente ans seulement.

29. La Chambre des pairs est présidée par le chancelier de France, et, en son absence, par un pair nommé par le Roi.

30. Les membres de la famille royale et les princes du sang sont pairs par le droit de leur naissance. Ils siégent immédiatement après le président; mais ils n'ont voix délibérative qu'à vingt-cinq ans.

31. Les princes ne peuvent prendre séance à la Chambre que de l'ordre du Roi, exprimé pour chaque session par un message, à peine de nullité de tout ce qui aurait été fait en leur présence.

32. Toutes les délibérations de la Chambre des pairs sont secrètes.

33. La Chambre des pairs connaît des crimes de haute trahison et des attentats à la sûreté de l'État, qui seront définis par la loi.

34. Aucun pair ne peut être arrêté que de l'autorité de la Chambre, et jugé que par elle en matière criminelle.

De la Chambre des Députés des départemens.

35. La Chambre des députés sera composée des députés élus par les colléges électoraux dont l'organisation sera déterminée par des lois.

36. Chaque département aura le même nombre de députés qu'il a eu jusqu'à présent.

37. Les députés seront élus pour cinq ans, et de ma-

nière que la Chambre soit renouvelée chaque année par cinquième.

38. Aucun député ne peut être admis dans la Chambre, s'il n'est âgé de quarante ans, et s'il ne paie une contribution directe de mille francs.

39. Si néanmoins il ne se trouvait pas dans le département cinquante personnes de l'âge indiqué, payant au moins mille francs de contributions directes, leur nombre sera complété par les plus imposés au-dessous de mille francs, et ceux-ci pourront être élus concurremment avec les premiers.

40. Les électeurs qui concourent à la nomination des députés ne peuvent avoir droit de suffrage, s'ils ne paient une contribution directe de trois cents francs, et s'ils ont moins de trente ans.

41. Les présidens des colléges électoraux seront nommés par le Roi, et de droit membres du collége.

42. La moitié au moins des députés sera choisie parmi des éligibles qui ont leur domicile politique dans le département.

43. Le président de la Chambre des députés est nommé par le Roi, sur une liste de cinq membres présentés par la Chambre.

44. Les séances de la Chambre sont publiques; mais la demande de cinq membres suffit pour qu'elle se forme en comité secret.

45. La Chambre se partage en bureaux pour discuter les projets qui lui ont été présentés de la part du Roi.

46. Aucun amendement ne peut être fait à une loi, s'il

n'a été proposé ou consenti par le Roi, et s'il n'a été renvoyé et discuté dans les bureaux.

47. La Chambre des députés reçoit toutes les propositions d'impôts; ce n'est qu'après que ces propositions ont été admises, qu'elles peuvent être portées à la Chambre des pairs.

48. Aucun impôt ne peut être établi ni perçu, s'il n'a été consenti par les deux Chambres et sanctionné par le Roi.

49. L'impôt foncier n'est consenti que pour un an. Les impositions indirectes peuvent l'être pour plusieurs années.

50. Le Roi convoque chaque année les deux Chambres : il les proroge, et peut dissoudre celle des députés des départemens; mais, dans ce cas, il doit en convoquer une nouvelle dans le délai de trois mois.

51. Aucune contrainte par corps ne peut être exercée contre un membre de la Chambre, durant la session, et dans les six semaines qui l'auront précédée ou suivie.

52. Aucun membre de la Chambre ne peut, pendant la durée de la session, être poursuivi ni arrêté en matière criminelle, sauf le cas de flagrant délit, qu'après que la Chambre a permis sa poursuite.

53. Toute pétition à l'une et à l'autre des Chambres ne peut être faite et présentée que par écrit. La loi interdit d'en apporter en personne et à la barre.

Des Ministres.

54. Les ministres peuvent être membres de la Chambre des pairs ou de la Chambre des députés. Ils ont en

outre leur entrée dans l'une ou l'autre Chambre, et doivent être entendus quand ils le demandent.

55. La Chambre des députés a le droit d'accuser les ministres, et de les traduire devant la Chambre des pairs, qui seule a celui de les juger.

56. Ils ne peuvent être accusés que pour fait de trahison ou de concussion. Des lois particulières spécifieront cette nature de délits, et en détermineront.

De l'Ordre judiciaire.

57. Toute justice émane du Roi. Elle s'administre en son nom par des juges qu'il nomme et qu'il institue.

58. Les juges nommés par le Roi sont inamovibles.

59. Les cours et tribunaux ordinaires actuellement existans sont maintenus. Il n'y sera rien changé qu'en vertu d'une loi.

60. L'institution actuelle des juges de commerce est conservée.

61. La justice de paix est également conservée. Les juges de paix, quoique nommés par le Roi, ne sont point inamovibles.

62. Nul ne pourra être distrait de ses juges naturels.

63. Il ne pourra, en conséquence, être créé de commissions et tribunaux extraordinaires. Ne sont pas comprises sous cette dénomination les juridictions prevôtales, si leur rétablissement est jugé nécessaire.

64. Les débats seront publics en matière criminelle, à moins que cette publicité ne soit dangereuse pour l'ordre et les mœurs; et, dans ce cas, le tribunal le déclare par un jugement.

65. L'institution des jurés est conservée. Les changemens qu'une plus longue expérience ferait juger nécessaires, ne peuvent être effectués que par une loi.

66. La peine de la confiscation des biens est abolie, et ne pourra pas être rétablie.

67. Le Roi a le droit de faire grâce, et celui de commuer les peines.

68. Le Code civil et les lois actuellement existantes, qui ne sont pas contraires à la présente Charte, restent en vigueur jusqu'à ce qu'il y soit légalement dérogé.

Droits particuliers garantis par l'État.

69. Les militaires en activité de service, les officiers et soldats en retraite, les veuves, les officiers et soldats pensionnés, conserveront leurs grades, honneurs et pensions.

70. La dette publique est garantie. Toute espèce d'engagement pris par l'État avec ses créanciers, est inviolable.

71. La noblesse ancienne reprend ses titres. La nouvelle conserve les siens. Le Roi fait des nobles à volonté; mais il ne leur accorde que des rangs et des honneurs, sans aucune exemption des charges et des devoirs de la société.

72. La Légion d'honneur est maintenue. Le Roi déterminera les réglemens intérieurs et la décoration.

73. Les colonies seront régies par des lois et des réglemens particuliers.

74. Le Roi et ses successeurs jureront, dans la solennité de leur sacre, d'observer fidèlement la présente Charte constitutionnelle.

Articles transitoires.

75. Les députés des départemens de France, qui siégeaient au corps législatif lors du dernier ajournement, continueront de siéger à la Chambre des députés, jusqu'à remplacement.

76. Le premier renouvellement d'un cinquième de la Chambre des députés aura lieu au plus tard en l'année 1816, suivant l'ordre établi entre les séries.

Nous ordonnons que la présente charte constitutionnelle, mise sous les yeux du *sénat et du corps législatif*, conformément à notre proclamation du 2 mai, sera envoyée incontinent à la Chambre des pairs et à celle des députés.

Donné à Paris, l'an de grâce 1814, et de notre règne le dix-neuvième.

RÉFLEXIONS.

DROIT PUBLIC DES FRANÇAIS.

Le premier titre des articles de la charte est *droit public des Français*, parce que la république régicide place les enfans avant leur père et le peuple avant son roi, comme étant l'ordre renversé, les pieds en l'air et la tête en bas, état des choses où l'autorité est mise à la place de l'obéissance et celle-ci à la place de l'autorité, tactique au moyen de laquelle les factieux sont tout au nom des masses, et ces masses et leur chef légitime, rien. Dans ces familles en désordre la paternité suprême ne peut s'y exercer sans que l'opposition tyrannique, qui en nie le droit et la nécessité, ne crie insolemment à la violation de la liberté et à bas le tyran.

A bas le tyran, si le Roi se refuse de s'associer aux assassinats et aux vols de la république, sanctionnés par l'article 9 de la charte. A bas le tyran, si la presse, interdite à l'humanité et à la justice sous l'oppression révolutionnaire, n'est pas entièrement et exclusivement libre pour les ennemis de la monarchie et de la religion, eux seuls devant écrire en présence de la légitimité comme devant le comité de salut public. A bas le tyran, si le Roi répugne à payer d'autres cultes que celui de la religion catholique, apostolique et romaine, qui est la sienne et celle de la monarchie. Cependant nous devons, dit-on, la révolution à la rancune que nous a gardée l'Angleterre, pour avoir aidé les Américains à se séparer de leur métropole. Que nous arrivera-t-il pour payer les ministres du protestantisme et les aider ainsi à violer l'unité catholique? recevrons-nous la récompense de cette bonne œuvre dans ce monde ou dans l'autre, ou dans tous deux? A bas le tyran, si les tribunaux de la monarchie et les citoyens n'oublient pas, comme il leur est commandé, les opinions et les votes des régicides, ces hommes vertueux qui ont rendu de si grands services à la France des galères et à l'ordre du désordre. A bas le tyran, si, en mémoire du 10 août, et pour toutes les preuves de leur dévouement inébranlable, le Roi ne renvoie pas les Suisses. A bas le tyran, si la gendarmerie n'est pas licenciée ou envoyée loin de la capitale, où elle s'oppose trop efficacement à tous les désordres révolutionnaires. A bas le Roi, s'il souffre que les missionnaires ramènent, par la religion, les peuples à la monarchie. A bas tout ce qui peut rendre à l'homme sa conscience, et à l'État, son repos. A bas les congrégations et les jésuites, ennemis déclarés de l'impiété et du jacobinisme titré ou sans titre. Tels sont les cris soufflés par la tyrannie révolutionnaire, et la haute canaille à la basse canaille.

FORMES DU GOUVERNEMENT DU ROI.

Ne pourrait-on pas dire que ces formes constitutionnelles du gouvernement du Roi ont emporté le fond de la monarchie, puisqu'on ne prétend plus voir dans le Roi le chef de la patrie, le père de la famille et une divinité mitoyenne entre le ciel et la terre, entre Dieu et les hommes, mais un homme coûtant fort cher à la république, et payé à regret par les libéraux qui trouveraient à meilleur marché un président. Telle est la grossièreté sacrilége des protestans politiques qui se font gloire d'être de l'opposition, comme si tous ceux qui s'opposent à la conduite paternelle de la grande famille par son chef naturel, ne devaient pas rougir de leur rébellion ou du moins de l'*infillialité* de leur conduite.

Rien ne pouvant être monarchique s'il n'est paternel de la part de l'autorité, et filial de celle de l'obéissance; l'article 23 est *im*monarchique, car il n'est point filial de faire la part à son père, puisque c'est le traiter en insensé ou en interdit.

Établir la confiscation contre la fidélité, par l'article 9 qui sanctionne le vol du bien des émigrés et des autres victimes de leur attachement à la monarchie, et abolir par l'article 66, la juste confiscation des biens des traîtres au Roi et à la patrie, en faveur de ceux qui méditaient déjà le 20 mars, et la seconde expulsion des Bourbons; c'est là de l'adresse et de la noirceur républicaine et non de la paternité et de la monarchie.

Mettre, par les articles 33 et 34, la Chambre des pairs au-dessus de la justice du Roi, en lui déférant le droit de connaître des crimes de haute trahison, et en ne rendant un pair arrêtable que de l'autorité de cette Chambre, et jugeable que par elle, c'est exposer le Roi et la monarchie et les soumettre à la république, ce qui n'est ni paternel, ni filial, ni monarchique. C'est même violer la charte dans son premier article, qui dit que tous les Français sont égaux devant la loi, quels que soient d'ailleurs leurs titres et leurs rangs.

Rendre les ministres du Roi, justiciables de cette Chambre, c'est lui donner le droit de condamner le Roi et la monarchie dans ses agens responsables; et alors qu'est-ce qu'un roi qu'on traite ainsi, et une monarchie dépendant d'une aristocratie? Les ministres ne peuvent être responsables qu'au Roi des ordres qu'ils en reçoivent ou des vues qu'ils lui font approuver, s'ils s'en rendent garans. Hors de là, le Roi n'a pas de ministère, ce sont les

Chambres qui en ont un, et dans la dépendance duquel, ces Chambres placent le Roi, dont par là même toutes les volontés paternelles sont annulées. Comment pouvant aller au bonheur par la voie royale, noble et sûre de la monarchie, s'obstine-t-on à tenter, contre toutes les chances de succès, d'y arriver par une forêt et des sentiers détournés, infestés de brigands appostés par la république régicide? Gouverner avec des Chambres, c'est tenir ménage sur la place publique, et parmi les étrangers et ses ennemis. Que deviennent alors les secrets de famille, les desseins et le repos de la monarchie? Pour juger la charte, essayez de l'appliquer à la famille ou à l'armée.

Si dès demain tout père sorti de son domicile, pour épargner un parricide à ses enfans mis en révolution, n'y pouvait rentrer sans avoir signé, sur le seuil de sa porte, une constitution libérale, que deviendrait alors le monde, divisé en côtés droit et gauche, se menaçant et s'injuriant au lieu de vaquer chacun à leurs affaires? Que deviendrait une armée qui adopterait ce régime?

Si chaque session des Chambres est un siége

sérieux que soutient la monarchie contre l'aristocratie ou la démocratie des pairs et des députés, comment peut-on se décider à rendre ce siége annuel? ne serait-il pas plus paternel et plus filial d'en éviter le tracas et le danger? La France ne gémit-elle pas toujours de cette lutte qui ne s'est engagée, la première fois, que pour détrôner les Bourbons ou faire changer la couronne de branche, et qui ne continue que pour rendre la monarchie faible et chancelante et la souveraineté perpétuellement disputée. Si au lieu d'une guerre dont l'issue ne serait pas certaine, ce siége n'était qu'une simulation théâtrale dont le dénouement serait arrêté et assuré d'avance, on demanderait à quoi bon faire jouer ainsi, à la souveraineté, des hommes parmi lesquels il s'en trouve toujours quelques-uns qui prennent ce jeu au sérieux? On répondra peut-être qu'il a fallu instituer ces luttes pour éviter quelque chose de pis, dont menaçaient les lutteurs qui menaient la France au retour de la légitimité. La mènent-ils donc encore, et la France n'appartient-elle pas maintenant à Charles X, de fait presque autant que de droit?

Mais que deviendraient alors les besoins impérieux du siècle des lumières et des peuples actuels, qui sont évidemment la destruction de tout l'ordre existant pour l'élévation de ceux qui poussent ces peuples au désordre et à leur ruine. A ces meneurs si peu exigeans qui se bornent à demander, dans les formules libérales en vogue parmi eux „ qu'on leur sacrifie seulement le sang et l'or des peuples, le Roi, la religion, les mœurs et le bonheur général et particulier, ne serait-il pas injuste de refuser de si minces offrandes ; leur cupidité et leur orgueil ne valent-ils pas cent fois de pareilles bagatelles ?

On entend des murmures contre la légitimité, qui est cause qu'on n'a plus de guerres et qui n'en veut pas faire d'injustes. Mais ces murmures partent-ils de ceux qui ont le plus de talent militaire et de bravoure ? Non ; ils sont soufflés par les instigateurs des désordres, à quelques poltrons, qui sont fâchés que les vrais braves n'aillent pas se faire tuer pour les avancer. Il y a un moyen de contenter ceux qui, pour obtenir des grades, veulent la mort de leurs camarades, c'est de se battre avec eux en champ clos jusqu'à ce qu'il en reste assez sur le terrain pour faire un colonel de chaque soldat, et de chaque bas officier, un maréchal de France. Par ce moyen on éviterait les frais inutiles d'une guerre injuste et sans autre résultat que cet avancement.

L'avancement, on le sait, manque aussi parmi les présidens de république, les rois constitutionnels de convoitise, et parmi tous les ambitieux que la révolution a enfantés. On ne pourra donc jamais réformer assez de monarchies pour fournir un gouvernement à chacun de ces prétendans, ni créer assez de places et d'honneur, pour contenter les autres. Comment faire? le cas est embarrassant.

Si les grands principes de l'ordre social doivent être abandonnés pour les opinions délirantes du siècle des bouleversemens, s'il faut souffrir et consacrer tout ce qu'il y a sous nos yeux de blessant pour la raison, la justice et la conscience, par cela seul que c'est le fait de l'exigence d'une révolution; alors, pressons tellement les révolutions les unes sur les autres, que tout ce qui a été enlevé aujourd'hui par les uns, leur soit demain ravi par les autres, et toujours ainsi sans paix ni trève, en sorte que chaque jour ait son extermination, sa gloire et son triomphe de parti, comme sa constitution et sa charte, jusqu'à ce que tous ces combats et luttes finissent faute de combattans, de lutteurs ou de législateurs, ou du moins, jusqu'à ce qu'il soit reconnu, de rechef, qu'il faut respecter la personne et les biens de chacun, pour que nos personnes et nos biens en soient respectés. Il est trois asiles ouverts à l'humanité par le Créateur, la famille, la monarchie et la religion, et c'est à la voix paternelle seule, que tout doit s'y mouvoir, pour le salut de tous.

Mais ne faut-il pas des étais au trône et des contre-poids à l'autorité? Sous Louis XVI on avait tout cela; qu'est-il devenu et qu'est devenue la monarchie? Est-ce avec de tels appuis ou de tels contre-poids, que le roi de l'univers a conçu l'individualité et la famille. N'a-t-il pas confié l'individu à sa raison et à sa conscience, et les familles à celles de leur chef? Ces familles sont-elles devenues ce qu'avec le parlementage aristocratique et démocratique, est devenue la monarchie des Bourbons? Le genre humain s'est-il donc si mal trouvé de la paternité qu'il faille désormais y renoncer?

Il ne s'agit point de nouveaux bouleversemens ni de culbutes; mais du replacement de l'ordre social sur ses vraies bases, en remettant les principes éternels et indestructibles en honneur, afin de rendre à la vérité son évidence, et à l'humanité la protection du trône et des lois. Trop long-temps les mots de liberté et d'indépendance ont égaré les esprits, il faut qu'on sache que, tout étant nécessairement lié dans la nature et la société, c'est vouloir se placer hors de l'une et de l'autre, que se prétendre affranchi de tout devoir et ne tenant à rien. On ne peut donc être père ou fils dans une famille ou une monarchie, sans en avoir les obligations à remplir. En devenant père par la création, Dieu lui-même a cessé d'être libre; et nous, hommes petits et vains, nous nous dirions affranchis de toute obligation? Cessons ce langage des sots, des mutins ou des fourbes qui les abusent. La seule liberté dont le commandement et l'obéissance ont un égal besoin, c'est celle de remplir, sans obstacles, leurs devoirs mutuels.

CONCLUSION.

S'il nous faut absolument une monarchie qui n'en soit pas une, un monarque qui ne soit pas un monarque, un père qui ne soit pas un père, et une famille qui ne soit pas une famille, ou un royaume qui ne soit pas un royaume; la charte nous donnant tout cela, demeurons dans la charte, contre notre repos et les cris de la légitimité méconnue ou hautement reniée.

Si, au contraire, on veut une monarchie selon elle-même et selon Dieu et le bon sens, toute paternelle de la part de l'autorité et toute filiale de celle de l'obéissance, voilà d'un côté Charles X et de l'autre les vrais Français qui composent l'immense majorité, et qui seraient bientôt la totalité du royaume, si les chances ou loteries républicaines étaient dès demain et à jamais fermées et abolies.

De tous les moyens d'établir l'ordre, le plus parfait étant celui qui transforme les devoirs de l'autorité et ceux de l'obéissance en un religieux amour, et ce moyen devant être celui du Créateur et du bon sens qu'il nous a donné, il s'ensuit que la famille, la monarchie et la religion, qui, chacune, ne présentent qu'un père et des enfans, sont les seules institutions naturelles et divines. Pour faire cesser la confusion et les haines, l'autorité doit donc redevenir paternelle et l'obéissance filiale; car ce n'est qu'ainsi qu'on peut rendre à Dieu, à Charles X, au prochain et jusqu'aux mots eux-mêmes, dépouillés aussi de leurs propriétés, ce qui appartient à ces mots, au prochain, à Charles et à Dieu. Qui peut plus facilement que Charles X, si juste, si aimant, si aimable et si aimé, mettre en vigueur une loi d'amour et de justice? Dès son rétablissement réel, à la clarté de nos idées, à la tranquillité de notre conscience et à la douce satisfaction de notre cœur, nous sentirons que nous sommes enfin rentrés dans l'ordre.

Malgré l'ensemble qui règne en ce moment entre le gouvernement et la majorité des Chambres, nous n'hésitons pas à penser que faire fermer ces Chambres, c'est fermer les plaies politiques de l'État. La France devant tous ses désastres et le régicide aux corps délibérans, la légitimité et la monarchie ne peuvent les admettre dans leur sein que pour s'en voir tourmenter et dévorer.

Mais après avoir songé à la France et à la monarchie, ne convient-il pas de songer aux pairs et aux députés? Que les pairs deviennent les patrons réels des diverses parties de la France, et que les députés, sans sortir de leurs foyers, leur fournissent le moyen de s'acquitter de ce soin honorable. Que ce patronage s'exerce sans tracasseries et sans troubler les ministères; alors la France véritablement gouvernée et administrée paternellement, n'aura plus d'autre pensée que d'en rendre grâce à Dieu et au Roi.

FIN.

ERRATA.

Page 28, 1re. ligne, lisez : *dissensions* au lieu de *discussions*.

Page 32, ligne 15, 1er. mot, lisez : *prétentions*.

www.ingramcontent.com/pod-product-compliance
Ingram Content Group UK Ltd.
Pitfield, Milton Keynes, MK11 3LW, UK
UKHW021001180726
13838UKWH00003B/1418